AF443889

Derechos reservados Copyright 2020 ©. No se permite la reproducción parcial o total de este libro ni su uso en cualquier forma o medio – Electrónico o mecánico – incluso fotocopias, grabaciones, o por Cualquier otro sistema para guardar o extraer información, sin previa Autorización escrita del autor y de la editorial.

Toda pregunta se debe enviar a:

14 sur 2101-C Col. Bellavista, Puebla, Pue. México. C. P. 72500

Derechos reservados en 2020 por José Luis García Barcala.

ISBN: 9798639838392

Se prohíbe la reproducción parcial o total de este libro sin autorización escrita del autor y de la editorial.

www.JoeBarcala.com

Joe Barcala

Breve historia de la espiritualidad y la adoración

Editorial Koller Scrite

Introducción

Adentrados en el Siglo XXI como estamos, resulta increíble observar tantas formas de expresión espiritual que, si esto fuera lógico, al menos tendrían muchas similitudes. Si se tratara de un solo tipo de divinidad (única, inteligente, omnipresente) tendríamos religiones muy similares entre sí. Pero no es así.

¿Cómo entender el nacimiento de un niño sin la concepción bilógica o que el mar se abra para dejar pasar a un pueblo y matando a otro? ¿Son los personajes mesiánicos provenientes de una divinidad o son profetas que hablan por ella? Hay tantas versiones de la historia religiosa que resulta muy complejo discernir los elementos que encierran la historia detrás de la efectiva realidad comprobable.

Con más razón, si se trata de hurgar en un **concepto**, un elemento producido por la mente humana para ceñirse a dicha realidad. Pues la palabra "espíritu" está en el mismo nivel de estructura mental que la "justicia", la "paz", la "libertad" o la "personalidad"; todos ellos provienen de **construcciones mentales** elaboradas con base en el *lenguaje* para dar definiciones de ideas que no tienen referentes en la vida real. Además, cada una de esas ideas obedecen a diferentes disciplinas: derecho, filosofía, teología, etc. El punto de vista va a definir el objeto a detallar.

Esto es, el concepto "silla" se crea mentalmente por la existencia de un elemento efectivo, material, objetivo, cuya imagen en nuestro cerebro corresponde a su respectiva realidad física observable. No así la "justicia" o la "personalidad". Son términos cuya definición se conforma según el sujeto pensante que pretende definir ese ente inmaterial. Algunos creen que la *espiritualidad* es un receptáculo de comunicación con el exterior, aunque sólo se trate de entablar una conexión con lugares o personas que están fuera del ser y no forzosamente con entes de niveles metafísicos.

En la ciencia, pese a la cantidad de actores involucrados, casi siempre existe consenso en la descripción del mundo real; tome como ejemplo la Ley de la Gravedad, que es exactamente la misma en la mente de millones, no así la divinidad o el propio concepto de la *espiritualidad*. Esto se logra gracias a la evidencia, a hechos y circunstancias medibles y cuantificables, metodología típica de la ciencia y contraria a la naturaleza misma de la fe. Sus propósitos son opuestos, probablemente irreconciliables.

Así, la siguiente obra, sabiendo que hay un sinnúmero de dioses, de posturas ideológicas y religiones, tiene su base en la objetividad probada miles de veces por la veracidad científica, cuya fundamentación resulta innecesaria y repetitiva. Si desea corroborar la información, es libre de buscarla y contrastarla.

Tantos siglos han transcurrido desde que los primeros seres humanos (ya definidos como tales) se adueñaron del entorno y sería entendible que la "revelación" (ese ser metafísico espiritual dejándose ver por la humanidad) nos hubiera manifestado, de forma clara, quién es, qué hace, a qué se dedica, ¿cuántos hijos tiene?, ¿por qué nos creó? Y ¿qué espera de nosotros? Preguntas que, pese a enfrentar y contrarrestar las respuestas de las diversas autoridades en el tema, teólogos, pastores y demás líderes religiosos, no han logrado un acuerdo sobre las respuestas a estas y otras preguntas.

Cada una de las 2500 religiones (Cuantos.org) tiene una respuesta distinta a cada una de las preguntas que se indicaron arriba. Si sólo hubiera un Dios, esa diversidad de definiciones resulta absurda. Eso nos lleva a preguntarlos ¿por qué? ¿Por qué si es el mismo Dios, se deja ver de forma tan variada? ¿Es acaso un Dios multicolor y cada quién lo ve con su daltonismo particular? ¿Es un Dios bueno y malvado a la vez? ¿Es un Dios vengativo y un Dios amoroso al mismo tiempo?

Para colmo de nuestros males, uno de los libros más difundidos de la historia, que en realidad es un conjunto de libros, conocido como Biblia (contiene 72 libros distintos en la versión católica más impresa de todos los tiempos), es una recopilación de historias de diferentes autores. Se le conoce también como literatura hebrea. Algo así como *Las mil y una noches* con Sherezada como protagonista, de la literatura persa.

Dicho sea de paso, la literatura es siempre valorada como ficción; es decir, los personajes ahí descritos son producto de la imaginación de cada autor. Contiene para efectos de verosimilitud, algunos elementos verídicos (personas comunes y corrientes, sometidas a las leyes gravitacionales, con ojos y nariz, etc.) o históricos (reyes, pirámides, guerras, etc.). A veces incluso exagerados, algo así como: "del cielo bajaron dos aviones reventando la estructura de las torres gemelas y las manos del mundo entero clamaron al unísono una plegaria de justicia".

En unos libros, la Biblia habla de un Dios que desprecia su propia creación (el diluvio), en otros sacrifica su vida por la salvación humana. En unos libros se molesta por comer una manzana, pero en otros perdona los asesinatos masivos, los incestos, tener 1000 mujeres o contraviene las leyes naturales como la resurrección de Lázaro. La pregunta necesaria de cualquier escéptico es: ¿No que no podía intervenir en la historia?

La Biblia, el Corán, las encíclicas, los libros que fundamentan otras religiones como el *Libro del Mormón*, por mencionar sólo algunos, definen su cosmogonía de formas tan disímiles que resulta casi imposible entender a la divinidad en nuestros días. Antes abría el mar y tenía un pueblo elegido, hizo milagros y creó, en sólo 7 días, todo un universo. Hoy ni se aparece. El hambre, la lucha de poder, las guerras, el dolor, la muerte, la pobreza, parecen no importarle en absoluto.

¿Qué dios creer? Hoy estamos obnubilados con tantas versiones de ese personaje voluble y volátil, con tantas pseudo-ciencias que explican su inacción, con tantas promesas incumplidas, que muchos piensan en lo peor de Dios; y definitivamente creen ciegamente que es un político, sólo actúa cuando le conviene.

Este ruido actual no deja ver, a la luz de las evidencias que son corroborables por vías científicas, de dónde surge la *espiritualidad* humana. ¿A quién se le ocurrió que Dios nos espera al morir? ¿Cómo se ha conformado el mapa religioso en el mundo? ¿Cómo se podría alcanzar la unificación de definiciones en torno a Dios? Vamos a empezar desde el principio.

En el comienzo todo era obscuridad…

Prehistoria

Eran tiempos cavernarios. Hombres y mujeres luchaban por sobrevivir a un mundo adverso, donde los huracanes, terremotos, tormentas, erupciones volcánicas y demás amenazas a sus vidas eran el pan de cada día. Su conciencia había crecido. Estaban aprendiendo a sobrevivir pues quienes no lo hicieron estaban muertos ya.

Aprender del entorno, siendo tan limitados en información, no atinaban a entender el motivo por el que sus vidas se amenazaban por fuerzas incomprensibles. Podían morir por un rayo, como sucedió con otros de sus tribus. Podían caer en barrancas, morir bajo un deslizamiento de tierra que suavizó la lluvia o bajo una roca que rodó por un terremoto y muchos peligros más.

¿Eran seres superiores los que querían destruirlos? Porque incluso la fuerza más brutal de otras tribus no parecía tener la capacidad de dirigir esos rayos o mover la tierra. Creyeron, por primera vez, que una especie de raza superior tenía la capacidad, como la tenían ellos mismos, de someterles como raza inferior, a su antojo.

Esta cosmogonía, fue su primera conciencia del origen y creación del mundo donde habitaban. Algunos se inventarían después otras historias fantasiosas para definir lo que ellos consideraban la "verdadera creación del universo" o escuchar vía revelación, la "versión oficial de Dios". Por lo pronto, miraban al cielo, pues de ahí parecían provenir las fuerzas de una casta divina adversa, peligrosa, misteriosa, vengativa y caprichosa.

Los griegos crearon toda una mitología pensando que los dioses se emborrachaban, se peleaban entre ellos; se tenían envidia, se aprovechaban de mujeres humanas para procrear semi-dioses. Es maravillosa la imaginación con la que se inventaron dioses a diestra y siniestra.

Había que calmar la sed destructiva que tenían los seres invisibles y todo-poderosos. Era necesario pensar en una estrategia que los contuviera; *¿cómo hacer que se abstengan de matarnos?* Es lógico pensar que debían sentirse demasiado vulnerables ante esas fuerzas y "seres" superiores. Declarar la guerra a ese tipo de enemigo era, lo tuvieron claro, un acto suicida.

¿Qué tal si intentamos persuadirles de nuestro valor como raza? Una esperanza, que es lo último que muere, era provocar en ellos una conmiseración, que vieran a la humanidad como seres indefensos, nobles, voluntariosos, amantes de la vida, seres buenos que no le hacen daño a nadie. Inicia así el concepto (como construcción mental) de *bondad*.

Mirar al cielo fue una tarea vital. Si a un humano de hoy en día le explicamos que los rayos eléctricos de las tormentas provienen de la mano de un dios, se reirá de nosotros. Ni el más ferviente y obstinado creyente va a creer tal falacia. Pero aquella primigenia humanidad, de hace unos cien mil años o quizá menos, lo creyó *a pie juntillas*.

Ellos no podían saber que los átomos positivos y negativos del vapor de agua, nacido de la evaporación calórica de los mares por efecto solar, al elevarse por la atmósfera, generaban en su roce una fricción que produce electricidad estática (como frotar los cabellos con una almohada). Los átomos positivos suben más alto que los negativos. Cuando se acumula humedad y esta se enfría, el agua se condensa nuevamente y, como buena conductora que es de la electricidad, une automáticamente los polos positivos y negativos generando una potente descarga eléctrica que conocemos con el nombre de *rayo*.

Salvo los más pequeños de nuestra raza y quienes nunca han asistido a la educación básica, el resto de los seres humanos entiende este proceso y no ve la presencia de un ser superior por ningún lado. Mucho menos se piensa ya en la actitud deliberada de enviar el rayo para castigar la maldad humana (tendrían que ser demasiado fundamentalistas, necios e ignorantes para creerlo).

Lo mismo ocurre con otros fenómenos naturales como las erupciones, los huracanes, el deshielo de las montañas o la canícula. Ya tenemos explicaciones científicas para eso y muchas otras cosas.

Los primeros humanos, aquellos que adquirieron conciencia de su entorno, aún tenían un cerebro limitado, más pequeño y poco sagaz. Eran mejores que nosotros para salvar la vida ante las adversidades, pero no tenían claras las respuestas a las grandes interrogantes.

Así que creyeron necesario mantener contentos a los dioses, ni siquiera pensaban que era uno, cinco, diez o quinientos. Sólo deseaban ofrecerles regalos para que no se portaran mal con los indefensos e insignificantes humanos.

No debemos olvidar que primero fue el *miedo* (a los rayos, los terremotos), luego vino la *ignorancia* (no se sabía que producía esos rayos y terremotos), posterior a ello vino la aplicación del *instinto de supervivencia* (¿cómo pasar por los valles bajo la lluvia sin ser atacados por un rayo?). Usando la imaginación, prolífica en aquellos días, se inventaron estrategias que sirvieran para disminuir la ira divina (y así nacen los conceptos de *ofrenda* y *sacrificio*).

Con los siglos, el hombre conformó definiciones conceptuales de términos que hoy son muy comunes. Por ejemplo: todos entendemos la *libertad*, aunque no sea un objeto como una silla, una ventana o un volcán. Es una palabra que define un estado: fuera de cualquier tipo de aprisionamiento, cadenas, dependencias esclavistas, etc. Así como la *libertad*, hay palabras que nos refieren a construcciones de nuestra mente para entender ideas (no tangibles) como la *justicia*, la *mentira*, el *perdón*, el *alma* o el *espíritu*.

En el argot científico se le conocen como "constructos" a aquellas ideas que hemos creado para entender conceptos o relaciones. Es como definir la personalidad, el egoísmo, eso intangible, invisible, pero aparentemente, existente. Quiero insistir en esa palabra "aparentemente", porque cada sociedad sobre el orbe entiende o define los conceptos de modos muy distintos. Creo que es *justo* que el gobierno se preocupe por la gente más pobre, antes que por los más ricos. Les puedo asegurar que hay miles que piensan lo contrario, es el concepto variable de "un buen gobierno". No hay acuerdo general para muchas de estas palabras o *constructos* que el ser humano actual define.

La espiritualidad es, por tanto, un *constructo*. Es un ente creado por la inteligencia o la razón para entender, definir o concebir una idea, la de un personaje interior capaz de "elevarse al cielo", de hacer plegarias (súplicas u ofrendas) a un creador al que también imaginó por el miedo a morir. Dicho sea de paso, el alma es su expresión más fantasiosa; es, según quien considera la existencia de un Dios, esa personalidad que proviene de Su amor, por ser sus creaturas predilectas.

Se puede entender que, a falta de pruebas, se crea que los rayos surgieron de la mano de Zeus. Las personas que ignoran a la ciencia, tienen más que un derecho, una propensión a ello. Su mente requiere explicaciones, aunque burdas, que les permitan vivir en armonía con su entorno, que les faciliten dormir en paz, descansar sin miedo, caminar o correr por el campo sin preocupaciones. Como los niños pequeños. Esto justifica la existencia de las religiones; sin embargo, sus propósitos los veremos más adelante.

Aplaudo la imaginación humana que facilita su existencia, su paz interior. Ese es el motivo por el que inventamos los puentes, los acueductos, las casas y demás similares. Pero el ser humano ha evolucionado ya hace muchos siglos y considero que apegarse a las fantasías cuando ya se conoce la verdad es tan primitivo como pretender aferrarse a Santa Claus cuando ya se sabe quién ha dejado en realidad los regalos bajo el árbol navideño (de origen pagano), como pensar que la Tierra es plana y es, además, el centro de todo el universo.

Así, entendamos claramente, que los conceptos, constructos o ideas de nuestra mente no son tangibles, no existen en la realidad física, no tienen sustento material, no hay evidencias que prueben su autenticidad, ni podremos unificar su significado. Así como los perfumes o las melodías "evocan" sensaciones distintas a cada ser humano según su experiencia personal, así los conceptos de *libertad, justicia, alma* o *divinidad*, son tan variables como lo es la vida de cada ser humano, vivo o muerto.

Debido a ello, cada año se reúnen escritores y lingüistas de las distintas lenguas a repasar las evocaciones que producen las palabras, nuevos y viejos vocablos con el fin de evaluar su uso o desuso en la sociedad, los nuevos significados y términos empleados. Esto es importante porque son las palabras las que dan estructura al pensamiento humano y es importante conocer cómo los aplican los seres humanos en la vida real.

Por eso es importante el diálogo entre las personas. A través del intercambio se ponen en común las palabras y el significado que tienen para cada individuo. Rechazar el diálogo es limitar el pensamiento. Es bloquear cada una de las palabras propias a un solo significado, al personal. Las historias y experiencias son diferentes en cada situación y, por tanto, los conceptos, las ideas o las imágenes mentales tienen una enorme pluralidad en un mismo territorio.

Además, el mundo es diverso, sólo que unas ideas y pensamientos, definiciones específicas, se sobreponen a otras por imposición, como propuestas fascistas. Por ejemplo, las represiones inquisitorias, provocaron la muerte y persecución de muchos, quienes cuestionaban las "ideas" de la religión católica y, por selección natural, sólo quedaron vivos (en su área de influencia) los promotores de esos *conceptos*. Hoy, gracias al avance tecnológico, podemos demostrar que muchas de esas creencias fueron impuestas y las evidencias se sobrepusieron a los conceptos unitarios.

Volviendo a la prehistoria, nuestros congéneres fueron matando chivos, palomas, conejos, cerdos y demás fauna como ofrenda a las divinidades. Como sus dioses siguieran necios en destruir su anhelada paz, empezaron a sacrificar humanos. *¡Qué salvajes!*, consideraron los españoles al ver a los nativos del nuevo mundo. Es que la historia de la espiritualidad europea ya había superado las matanzas con la transformación de los ritos a ejercicios ceremoniales "incruentos" (sin sangre).

Pero antes de la Conquista, mucho antes, en el génesis de la civilización occidental, estuvieron los griegos con Zeus, Afrodita, Baco, Ateneo, Apolo, Ares y demás fauna espiritual. Dioses a los que podemos observar aún con las características prehistóricas: se les tenía *miedo*. Eran seres malos, desordenados, borrachos, violadores, guerreros y uno que otro bondadoso. Casi por inspiración humana.

Algunos soñaron con ser dioses, pues la mitología griega habla de los hijos nacidos entre un personaje del Olimpo y una humana o cualquiera otra combinación. Perseo, hijo de Zeus y la mortal Danaé es considerado, por esa combinación, como semi-dios. No es un dios, pero "casi". Tienen poderes como los dioses, algo más limitados. Este es sólo un ejemplo de ese deseo humano por considerarse "especial" para los dioses y "elegido" entre el resto de los mortales humanos.

Es igual de soñador que el pueblo israelita del pasado (y del presente) que se sentía especial ante los demás pueblos de la Tierra. Una esperanza humana por sentirse "salvados" de los rayos, de los terremotos y demás calamidades.

Definir a un dios como único surgió al iniciar esta era, que intentó calendarizarse con Jesucristo, pero les fallaron las matemáticas, pues se hacen números y no coinciden con su supuesto nacimiento, unos 6 años antes del año 0.

En Grecia, Egipto y Roma se creía en la existencia de varios dioses con poderes y pensamientos distintos. Las religiones monoteístas como el judaísmo, el islam o el cristianismo comparten la idea de que es sólo uno.

No sería necesario decir que Dios es *único* si en realidad fuera uno, pues el término evoca una distinción entre otros dioses y, si no los hay, ¿para qué distinguirlo? Así las cosas. Cada pueblo de la Tierra se ha inventado un Dios a su imagen y semejanza en algún momento de su historia. Esa necesidad de tener *vara alta* en las esferas celestiales superiores es como el deseo de volverse millonarios.

Dicha necesidad nos acompaña desde la prehistoria, de la pretensión por tener contentos a los dioses para evitar su ira, traducida en rayos, volcanes en erupción, terremotos y huracanes. Lo bueno… es que ya todos sabemos que no hay un solo dios tras esos fenómenos naturales. Lo malo… ya lo sabemos.

Entonces, por qué si no hay un dios tras los rayos, ¿seguimos teniendo *miedo*, que es el origen de toda esta telenovela divina? ¿Por qué seguimos con la esperanza de mirar al cielo cuando todas las explicaciones las tenemos en la tierra? ¿Qué conserva viva toda esa tradición del ofertorio? ¿Para qué dedicarle homenajes a una divinidad si los rayos seguirán cayendo?

El *miedo* se define como esa sensación de angustia provocada por la presencia de un peligro real o imaginario y lo seguiremos teniendo. El instinto de supervivencia, grabado desde antes de nuestra evolución, nos permitió llegar a donde estamos. Sigue activo, en nuestra amígdala, esa parte primitiva del cerebro humano. Actúa cuando corremos peligro: un accidente, una zona obscura, una amenaza. Nos pone alerta y genera químicos para defendernos de esos peligros, los que sean.

El resto del cerebro es de más reciente evolución. Creció con el aprendizaje, al ir entendiendo al mundo que nos rodea y de ahí surgió la conciencia: ¿por qué existimos? ¿cuál fue nuestro origen? ¿qué sentido tiene la existencia? ¿podemos trascender al tiempo? ¿somos el centro del universo? ¿somos creación divina o somos evolución?

El *miedo*, sin embargo, sigue latente. Eso explica por qué a muchos aún les es más fácil creer explicaciones elaboradas de intervenciones divinas antes que aferrarse a comprobar científicamente las evidencias disponibles.

Como la química corporal es tangible y medible, las sensaciones que producen, como las mariposas en el estómago, son reales. Eso no genera de la nada la existencia de ningún dios. Eso sólo genera sensaciones agradables o desagradables. Es todo.

El *miedo*, sus causas y las sensaciones que producen están ahí. Dios y sus secuaces no. Al menos no todavía, hasta la prehistoria. Luego habremos de construir personajes, producto de la imaginación de los escritores, para producir sensaciones y crear personajes obscuros, poderosos y esperanzadores como los Jedi de George Lukas.

Los documentos de dios

Crear a Dios a nuestra imagen y semejanza cuenta con demasiada evidencia. La Biblia es prueba irrefutable de la no existencia de algún dios bondadoso, amable, tierno, paternal, cariñoso, omnisapiente, omnipresente, atemporal, etc. ¿Por qué? Veamos.

Hay momentos en la biblia que Dios puede todo: ***crear un universo en 6 días***, pero necesita limosnas para subsistir, necesita alabanzas y no puede darnos de comer a todos, ni dar agua o vivienda digna o curar enfermedades a todos. Es, como fanático de fútbol, un árbitro vendido que favorece a su equipo, a los elegidos, aunque mueran los egipcios, sus hijos, sus faraones, su pueblo, con plagas perversas.

En otros momentos, ***Dios es iracundo y decide aniquilar a la humanidad entera***. De paso, habrán de morir todos los animales de todas las especies menos 2. Como si fuera una fórmula matemática: Muertos=Te-2. Olvidándose de considerar que muchos animales viven comiendo a otras especies. Extinción segura.

Dios evoluciona en cada libro de la biblia: con Salomón, fue benigno, le perdonó que tuviera 1000 mujeres (otro momento esclarecedor de su misoginia), porque era justo, sabio e hijo de otro favorito: el rey David, homosexual y violador de sus vecinas (8 más o menos). Pero llama fariseos a algunos contemporáneos de Jesús.

Hay demasiada evidencia de las aventuras que le inventaron al Dios (o más bien dioses) de la Biblia. Pudo perdonar a la humanidad con un sacrificio cruel en la cruz, pero que se comieran una manzana es algo imperdonable. Tuvo que mandar a su hijo para salvarnos, pero ¿por qué no simplemente nos perdonó y se dejaba de cuentos? Necesitaba nuestra adoración, necesitaba que lo pusiéramos en altares y nos diera lástima su crucifixión en cada cruz, porque ese Dios también tiene un ego muy grande. Esto suma también a nuestro saldo con la divinidad, generando una deuda, un sentimiento de eterno agradecimiento. Una cuenta impagable.

Pudo comunicarse, como lo hizo con Moisés, con muchos otros, incluso salir en televisión ahora que puede. Tendría la fuerza suficiente para reconstruir la Tierra, pero, como cuando tardó en construirla 6 días, ya se cansó. Tiene planes, pero nadie le atina a predecirlos. Sus designios no son nuestros designios, así que, por esa razón, es un Dios ajeno, un Dios creado para un mundo distinto al nuestro, para un pueblo elegido que no somos los demás pueblos. Merece nuestro desprecio.

El Dios bíblico es celoso, como lo es Alá en el Corán: quiere adeptos, hace guerras, cruzadas, para ver cómo nos peleamos por él. Es contradictorio: le gustan las ofrendas de Abel y no las de Caín, las de Israel y no las de Palestina. Es un Dios que condena la homosexualidad, pero no deja entrar a mujeres en su círculo cercano y le pregunta a Pedro ¿Me amas?

Ese celo de la obediencia humana se manifiesta en los creyentes como adoración, contemplación, meditación, ritos, dictados morales, procesiones y peregrinaciones, obediencia a preceptos ancestrales y, por tanto, arcaicos; si antaño se requería poblar al orbe, hoy no tenemos ya esa necesidad. De hecho, tenemos un serio problema poblacional que pone al planeta en niveles de estrés insostenibles. Los recursos se agotan, el hambre es una pandemia, el aire está alcanzando niveles peligrosos para sostener no sólo la vida humana, sino también la de las demás especies animales y del reino vegetal.

Muchos de los preceptos morales fundados en los documentos de Dios no abordan problemas actuales tampoco. Junto al *no matarás* y el *no fornicarás*, deberíamos tener normativas para el abuso de menores o el control de armas, que, si bien podrían englobarse en los dos anteriores, ni los precursores religiosos parecen entenderlo. Ni qué decir de la misoginia eclesiástica, el racismo, la homofobia y muchos otros problemas que deberían solucionarse con insistencia en las moralidades religiosas.

La moral es un dictado al comportamiento. En 1804, surge el texto conocido como *Manual de Carreño*. En él, se dictan normas de etiqueta y convivencia social como abrir la puerta a una dama o cederle el paso; de igual forma se indica cómo deben colocarse en la mesa los cubiertos y los platos. Lo irónico del asunto es que en esa misma época había gente sin carruajes de caballos o puertas en sus casas o vajillas en sus mesas. Fue, sin duda, una "moralidad" elitista. No todos podían cumplir con ella. Lo mismo sucede con las morales religiosas. Son inconscientes de lo que sucede fuera de su círculo, como el problema de los anticonceptivos en África en el papado de Juan Pablo II.

Retomando el tema, la Biblia y otros libros similares son la base de sus respectivas religiones, como se dijo antes, unas 2400. Algunas coinciden en usar el mismo libro, pero difieren en su aplicación. Unos la toman **literal** y otros la usan a conveniencia, a traducción, a **interpretación**, sin olvidar que la *literalidad* es también una *interpretación* específica.

Hablemos un momento de la sinonimia: es una relación semántica de identidad o semejanza de significados entre determinadas expresiones o palabras. Por ejemplo, un sinónimo de **torre** es **garita**. No son exactamente lo mismo, pero ¿cuál de las dos define con precisión el objeto que estoy viendo? *Me inclino a pensar* que es **torre**, aunque la diferencia es tan superficial que cualquiera podría llamarle **garita** y a mí no me molestaría.

"Me inclino a pensar" es mi *interpretación*. Por eso, la literalidad, considerar alguna palabra en su significado más *literal*, nos debe poner a pensar en ese uso *conveniente* para quien la quiera aplicar.

El lenguaje es una capacidad propia del ser humano para expresar **pensamientos** y **sentimientos** por medio de la palabra. Ya hablamos de esa subjetividad de términos conceptuales como *libertad*, *justicia*, *espiritualidad*, **pensamientos**, **sentimientos**, etc.

Del mismo modo, interpretamos la realidad y las supuestas señales divinas. Con más razón lo hicieron en el pasado las tribus prehistóricas, los primeros humanos y los que trasmitían de modo oral las primeras narraciones intentando explicar la creación humana. Así terminó recogiéndose en libros, en esos primeros intentos por escribir las historias de personajes líderes que conformaron pueblos, la relación que tenían con su dios, al que usaron para unificar a sus seguidores.

Religión y política

La religión fue un constructo también, la administración de un grupo por controlar a las nacientes naciones, su fascinante intermediarismo entre Dios y los hombres. Así se erigieron los primeros pastores, esos que decían tener comunicación –casi telefónica– directa con el personaje imaginario. Los dominaron y subyugaron a su antojo, o "dios descargará su ira". Entonces política y religión fueron una misma cosa: *control*, igualmente despreciable en una y otra. Pero inevitable.

Se volvió indispensable creer. Podían morir si no lo hacían. Curioso, pues la fe nació para evitar la muerte y ahora la fe servía para amenazar la vida. La combinación con la política resultó ser mortal para la humanidad. Tenían las armas, el control de la vida de las personas, el dominio ideológico; por eso mismo, terminó justificándose la esclavitud. *La Biblia* es prueba de ello, pues muestra estar de acuerdo con la sumisión en diferentes pasajes.

Unos al servicio de los otros. Las clases dominantes sobre las clases dominadas. Como una película de ficción, pero en la vida real. Reyes y súbditos. Amos y esclavos o siervos. Como *dios* manda.

El problema es que no sólo les bastó con tener el control de sus vidas, sino de su moralidad, su sexualidad, sus posesiones, sus decisiones y, poco a poco, aseguraron su lugar en las sillas aterciopeladas a través de la historia entera. Por eso no es fácil volverse ateo. Hay *miedo*. Mucho miedo.

Se siembra a diario la culpa, el terror al castigo divino y el sueño a alcanzar la gloria que no existe. La gloria la tienen ellos, sus grandes palacios, su vida refinada, sus joyas, su oro brillante, amansa bobos. Las grandes iglesias, lujosas, son el símil de las pirámides, monumentales, colosales, que invitan a pensar en nuestra insignificancia ante los poderes divinos y los gubernamentales. Es la invitación cordial al sometimiento y a firmar *El contrato social* so pena de muerte. Estamos amarrados creyendo que somos libres. Porque la *libertad*, ellos lo tienen claro, los dioses terrenales, la han redefinido a su antojo, porque es "interpretativa", como *La Biblia*, como los designios divinos.

Hubo entonces un tiempo en que la humanidad aprendió a engañar con dioses a sus semejantes para someterlos. Hermoso era, como en la época de los griegos, cuando los dioses eran enemigos de los humanos y los unía contra ellos. No por hermoso, conveniente; definitivamente una época mágica que divertía. Hoy da *miedo* y con ello, más religión.

Surgieron tantas religiones como ciudades-estado. Se diseminó por el mundo la esclavitud con miedo. Mientras más poderoso el dios, más control sobre los humanos por otros humanos. Iniciaron las guerras entre religiones para controlar y dominar a otras sociedades. Roma y su Imperio fueron la evidencia de lo que expreso aquí. Aún las religiones se disputaban cuentos que copiaban unos a otros. Importaron historias antiguas como Isis y su hijo divino, Horus de la mitología egipcia. También lo hicieron los persas y muchas otras culturas. No había *copyright*.

Cuando utilizo personajes como el Quijote o Aureliano Buendía en mis propias novelas estoy usando un *recurso literario* que se denomina **intertextualidad**, si menciono personajes de mis propias historias ya publicadas en otra más reciente se llama **intratextualidad**. Esto, como podemos ver, existe desde la antigüedad, trayendo personajes de otros autores a narraciones más actuales y en ocasiones, como si fueran propias. Así, los dioses fueron copiados (intertextualizados) de una civilización a otra.

Entonces, el nivel de sangre subió. Miles morían por defender a su dios. Irónico, triste, absurdo. Dios fue el pretexto para matar. Lo más aberrante de todo es que millones hoy día matarían por defender a su dios. ¿Pues qué no está claro? Desde luego que no está claro, hay quienes no quieren que quede claro.

Cuando se dieron cuenta que la religión servía para dominar, su probable "bondad" se eliminó. Si se trataba de lograr beneficios para que un dios trajera paz y tranquilidad, se lograron maleficios: control, sumisión, abusos, engaños, guerras, sangre, ignorancia. Sólo por ese hecho, estaríamos mejor sin dioses que con religiones.

Así, aquí tenemos una narración más fidedigna que la creación del génesis bíblico: *no ha sido Dios el que creó al hombre, sino el hombre el que creó a Dios.*

Todas estas explicaciones tienen fundamento científico, mientras que la fábula bíblica o la cosmogonía del *Popol Vuh*, o de cualquier otro documento de Dios, no. No hay una sola evidencia en las narraciones que se escribieron para explicar el origen del hombre desde la participación activa de un ente divino.

Joe Barcala

El universo: ¿orden o caos?

Cuanto más se adentra el ser humano en el conocimiento de su entorno, encontramos un universo fascinante, ese que antaño fue misterio y cuyo centro fue la Tierra durante siglos.

Sabemos por Galileo Galilei que la Tierra no es el centro ni siquiera del Sistema Solar. Que se mueve, y como dijo Kepler, en órbitas elípticas y entonces desaparecieron las llamadas estrellas errantes. En un planeta cuyas estaciones se rigen por el movimiento de traslación de la Tierra en torno al sol, todo parece tener un orden.

Los ciclos se repiten cada año y podemos aprovecharlos para la agricultura. La oscilación rítmica de los polos también se encuentra ya en nuestro acervo. El texto científico de la *Teoría sobre la Evolución de las Especies* de Darwin también nos da un entendimiento de las diferencias físicas y funcionales entre animales de la enorme variedad de especies.

Podría seguir, sin embargo, el objetivo es demostrar que no hay tal orden. Ningún proceso evolutivo tiene un fin en particular, no cree en el destino. Las especies que se adaptan a su entorno sobreviven, las otras se extinguen. Ante la desaparición de los dinosaurios hace 62 millones de años, otras especies que vivían escondidas en madrigueras para evitar ser presas de los gigantes depredadores, pudieron salir libremente a la superficie y así tenemos un salto más en nuestra historia evolutiva. De no haberse impactado el meteorito, quizá no estaríamos aquí. Fue casual, pues ese meteorito pudo desviarse o retrasarse lo suficiente para no chocar con la Tierra. Como es casual todo el universo. Es caos.

El impacto entre grandes bolas de materia incandescente en un entorno gaseoso, genera estrellas por millares cada segundo en ciertas zonas de la galaxia que habitamos. El universo es caótico, choque, fuerzas gravitacionales en pugna. No hay orden. Aquí mismo, en el planeta de la "tranquilidad" somos testigos de erupciones, terremotos, huracanes, tormentas, migraciones animales. Nuestros átomos también giran y se desplazan caprichosamente. Así que, la próxima vez que le digan que el universo es producto de un diseño inteligente, el producto predefinido con anterioridad de una voluntad superior, cuestione esa afirmación.

La inteligencia humana es única, en el sentido de que es capaz de crear un orden, tras una meta preconcebida. Alterar el entorno a su antojo, dominar a otros, engañarlos con ideologías, es una característica muy común, patente en toda la historia. Es nuestra inteligencia la única capaz de crear un orden. No **El** orden sino **Un** orden. Usted puede organizar su zapatera por tamaños, colores, formas, forros, diseños… es **un** orden, el que usted elija. No es la única manera que tiene de colocarlos. Así, el ser humano, puede acomodar a su antojo sus pertenencias, su entorno. Vendrá otro, en otra época, a cambiar sus métodos, a cuestionar su mundo.

Ese es el espíritu, esa es nuestra *espiritualidad*, ese conjunto de conceptos en los que creemos y a los que deseamos ceñirnos, incluso contra la propia *libertad*.

Nota final

Me daría enorme satisfacción que muchos se cuestionen y revisen cada una de las partes resumidas en este texto. Que sirva para discutir, para dar fundamento o que cause nuevas publicaciones debatiendo su contenido. Mucho más satisfactorio que permita esclarecer algunos conceptos, a derrumbar mitos, a definir la propia espiritualidad de mis lectores.

www.ingramcontent.com/pod-product-compliance
Lightning Source LLC
Chambersburg PA
CBHW030423160726
47992CB00007B/3256